낭독하는 명작동화

Level 1

The Magpie and
the Milk

✦▪ 까치와 우유 ▪✦

새벽달(남수진) • 이현석 지음

Key Vocabulary

명작동화를 읽기 전에 스토리의 **핵심 단어**를 확인해 보세요. 내가 알고 있는 단어라면 체크 표시하고, 모르는 단어는 이야기를 읽은 후에 체크 표시해 보세요.

Story

Level 1의 영어 텍스트 수준은 책의 난이도를 측정하는 레벨 지수인 **AR(Accelerated Reader) 지수 0.9~1.5 사이**로 **미국 초등학생 1학년 수준**으로 맞추고, 분량을 **500단어 내외**로 구성했습니다.

쉬운 단어와 간결한 문장으로 구성된 스토리를 그림과 함께 읽어 보세요 페이지마다 내용 이해를 돕는 그림이 있어 상상력을 풍부하게 해 주며, 이야기를 더욱 재미있게 읽을 수 있습니다.

Reading Training

이현석 선생님의 **강세와 청킹 가이드**에 맞춰 명작동화를 낭독해 보세요.

한국어 번역으로 내용을 확인하고 **우리말 낭독**을 하는 것도 좋습니다.

This Book

Storytelling

Storytelling

명작동화의 내용을 떠올릴 수 있는 **8개의 그림**이 준비되어 있습니다. 각 그림당 제시된 **3개의 단어**를 활용하여 이야기를 만들고 말해 보세요. 상상력과 창의력을 기르는 데 큰 도움이 될 것입니다.

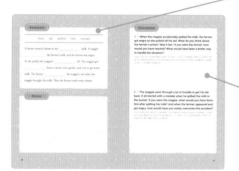

Summary

명작동화의 **줄거리 요약문**이 제시되어 있습니다. 빈칸에 들어갈 단어를 채워 보며 이야기의 내용을 다시 정리해 보세요.

Discussion

명작동화의 내용을 실생활에 응용하거나 비판적으로 생각해 볼 수 있는 **토론 질문**으로 구성했습니다. 영어 또는 우리말로 토론하며 책의 내용을 재구성해 보세요.

픽처 텔링 카드

특별부록으로 **16장의 이야기 그림 카드**가 맨 뒷장에 있어 한 장씩 뜯어서 활용이 가능합니다. 순서에 맞게 그림을 배열하고 이야기 말하기를 해 보세요.

 QR코드 영상을 통해 새벽달님과 이현석 선생님이 이 책을 활용하는 가장 좋은 방법을 직접 설명해 드립니다!

Contents

◆ **Key Vocabulary**   *7*

◆ **Story**   *8*

◆ **Reading Training**   *26*

◆ **Storytelling**   *36*

◆ **Summary**   *38*

◆ **Discussion**   *39*

Level 1

The Magpie and the Milk

✦➤·➤ 까치와 우유 ◄·◄✦

Key Vocabulary

- [ ] **famer** 농부
- [ ] **barn** 헛간, 곳간
- [ ] **bucket** 양동이
- [ ] **magpie** 까치
- [ ] **tip over** 넘어지다, 뒤집어지다
- [ ] **spill** 쏟아지다
- [ ] **tail** 꼬리
- [ ] **grass** 풀
- [ ] **garden** 정원
- [ ] **river** 강
- [ ] **spread(-spread)** 펼치다, 펴다
- [ ] **cloud** 구름
- [ ] **pour** 쏟아지다
- [ ] **scoop** 퍼다, 뜨다
- [ ] **chew** 씹다, 씹어 먹다
- [ ] **delighted** 기뻐하는

It was a sunny day.

There was a farmer.

She was at the barn.

She had a bucket.

"I need some milk," she said.

She went to the cow.

The cow gave some milk to her.

"Thank you. I will make cheese.

But I need fire first," she said.

The farmer went away.

A magpie flew by.

He saw the milk.

'Warm milk!' he thought.

He wanted some milk.

He sat on the bucket.

But the bucket tipped over.

Milk spilled everywhere.

The magpie was surprised.

The farmer came back.

"Bad magpie!" said the farmer.

She caught his tail.

His tail came off.

"Oh no!" said the magpie.

The magpie wanted his tail back.

"Give it back," he said.

"Bring me some milk," said the farmer.

"Then the tail is yours," she added.

The magpie asked the cow,
"Please give me some milk."

The cow wanted something.
"Bring me some grass," she said.
"Then I will give you some milk."

The magpie went to the garden.
"Please give me some grass," he said.

The garden wanted something.
"Bring me some water," it said.
"Then you can get some grass."

The magpie went to the river.
"Please give me some water," he said.

The river needed something.
"Fly to the mountains. Bring me rain.
Then I will give you some water," it said.

The magpie spread his wings.
He flew off.
He reached the mountains.
He found a big cloud.

"I need rain. I need my tail back," said the magpie.

"Rain? For your tail?" asked the cloud.

"Yes, the river needs rain.

The river will give me water.

Then I will take the water to the garden.

The garden will give me grass.

Then I will take the grass to the cow.

The cow will give me milk.

Then I will take the milk to the farmer.

Finally, she will return my tail!" answered the magpie.

"I can help," said the cloud.

"Thank you," said the magpie.

Then, rain poured down.

It filled the river.

The magpie went to the river.

"Here is your rain," he said.

"Give me some water."

"You can scoop some water," said the river.

The magpie thanked the river.

He found a bucket.

He scooped the water.

The magpie went to the garden.

"Here is your water," he said.

"Give me some grass."

"You can pick some grass," said the garden.

The magpie was happy.

He took the grass.

The magpie went to the cow.

"Here is your grass," he told her.

"Give me some milk," he added.

"Here is your milk," said the cow.

The magpie thanked her.

He took the milk.

The magpie went to the farmer.

"Here is some milk," he said.

"I want my tail back."

"Yes, Magpie," said the farmer.

She fixed his tail.

"I have milk now. I can make some cheese," she said.

The farmer smiled.

She made some cheese.

The cow chewed grass.
The garden was more green.
The river was full.
The farmer was delighted.
The magpie was happy.

◆ The Magpie and the Milk

It was a **sun**ny **day**.

There was a **farm**er.

She was at the **barn**.

She **had** a **buc**ket.

"I **need** some **milk**," / she said.

She **went** to the **cow**.

The **cow** / **ga**ve some **milk** to her.

"**Thank** you. / I will **ma**ke **chee**se.

But I **need fire** first," / she said.

The **farm**er / went a**way**.

A **ma**gpie / flew **by**.

He **saw** the **milk**.

'**Warm** milk!' / he **thought**.

He **want**ed some **milk**.

He **sat** on the **buc**ket.

But the **buc**ket / tipped **o**ver.

Milk spilled **e**verywhere.

The **mag**pie was sur**pri**sed.

◆ 까치와 우유

화창한 날이었습니다.
한 농부가 있었어요.
농부는 헛간에 있었습니다.
농부는 양동이를 들고 있었어요.
"나는 우유가 좀 필요해." 농부가 말했습니다.
농부는 소에게 갔습니다.
소는 농부에게 우유를 주었어요.
"고마워. 나는 치즈를 만들 거야.
하지만 나는 먼저 불이 필요하겠군." 농부가 말했습니다.

농부는 자리를 떠났습니다.
까치 한 마리가 날아서 그곳을 지나쳤습니다.
까치는 우유를 보았습니다.
'따뜻한 우유다!' 그가 생각했어요.
까치는 양동이 위에 앉았습니다.
하지만 양동이가 넘어지고 말았어요.
우유가 사방으로 쏟아졌습니다.
까치는 깜짝 놀랐어요.

The **farm**er / came **back**.

"**Bad mag**pie!" / said the **farm**er.

She **caught** his **tail**.

His **tail** / came **off**.

"Oh **no**!" / said the **mag**pie.

The **mag**pie / **want**ed his **tail back**.

"**Give** it **back**," / he said.

"**Bring** me some **milk**," / said the **farm**er.

"**Then** the **tail** / is **yours**," / she added.

The **mag**pie / asked the **cow**,

"Please **give** me / some **milk**."

The **cow want**ed something.

"**Bring** me some **grass**," / she said.

"**Then** / I will **give** you / some **milk**."

The **mag**pie / **went** to the **gar**den.

"Please **give** me / some **grass**," / he said.

The **gar**den / **want**ed something.

"**Bring** me some **wa**ter," / it said.

"**Then** / you can **get** some **grass**."

농부가 돌아왔습니다.

"나쁜 까치 같으니라고!" 농부가 말했습니다.

농부는 까치의 꼬리를 붙잡았습니다.

까치의 꼬리가 떨어져 나갔습니다.

"안 돼!" 까치가 말했어요.

까치는 자신의 꼬리를 다시 원했습니다.

"꼬리를 돌려주세요." 까치가 말했어요.

"나에게 우유를 좀 가져와." 농부가 말했습니다.

"그러면 이 꼬리는 네 것이야." 농부가 덧붙였어요.

까치는 소에게 부탁했습니다.

"부디 나에게 우유를 좀 줘."

소는 무언가를 원했습니다.

"나에게 풀을 좀 가져와." 소가 말했어요.

"그러면 내가 너에게 우유를 좀 줄게."

까치는 정원으로 갔습니다.

"부디 나에게 풀을 좀 줘." 까치가 말했어요.

정원은 무언가를 원했습니다.

"나에게 물을 좀 가져와." 정원이 말했습니다.

"그러면 너는 풀을 좀 얻을 수 있지."

The **mag**pie **/** **went** to the **ri**ver.

"Please **give** me **/** some **wa**ter," **/** he said.

The **ri**ver **/** **need**ed something.

"**Fly** to the **moun**tains. **/** **Bring** me **rain**.

Then / I will **give** you some **wa**ter," **/** it said.

The **mag**pie **/** **spread** his **wings**.

He flew **off**.

He **reach**ed the **moun**tains.

He **found** a **big cloud**.

"I **need rain**. **/** I **need** my **tail back**," **/** said the **mag**pie.

"**Rain**? **/** For your **tail**?" **/** asked the **cloud**.

"**Yes**, the **ri**ver **needs rain**.

The **ri**ver will **gi**ve me **wa**ter.

Then I will **ta**ke the **wa**ter to the **gar**den.

The **gar**den will **gi**ve me **grass**.

Then I will **ta**ke the **grass** to the **cow**.

The **cow** will **gi**ve me **milk**.

Then I will **ta**ke the **milk** to the **farm**er.

Finally, she will re**turn** my **tail**!" **an**swered the **mag**pie.

까치는 강으로 갔습니다.
"부디 나에게 물을 좀 줘." 까치가 말했어요.

강은 무언가가 필요했습니다.
"산으로 날아가. 나에게 비를 가져다줘.
그러면 내가 너에게 물을 좀 줄게." 강이 말했습니다.

까치는 자신의 두 날개를 펼쳤습니다.
까치는 날아갔어요.
그는 산에 다다랐습니다.
까치는 커다란 구름 하나를 찾았어요.

"나는 비가 필요해. 나는 내 꼬리를 되찾아야 해." 까치가 말했습니다.
"비? 너의 꼬리를 위해?" 구름이 물었습니다.
"그래, 강은 비가 필요해.
강이 나에게 물을 줄 거야.
그러면 나는 물을 가지고 정원으로 갈 거야.
정원이 나에게 풀을 주겠지.
그러면 나는 풀을 가지고 소에게 갈 거야.
소가 나에게 우유를 줄 거고.
그러면 나는 우유를 가지고 농부에게 갈 거야.
마침내, 농부가 나에게 내 꼬리를 돌려줄 거야!" 까치가 대답했습니다.

"I can **help**," **/** said the **cloud**.

"**Thank** you," **/** said the **mag**pie.

Then, **rain** poured **down**.

It **fill**ed the **ri**ver.

The **mag**pie **/** **went** to the **ri**ver.

"**Here** is your **rain**," **/** he said.

"**Give** me some **wa**ter."

"You can **scoop** some **wa**ter," **/** said the **ri**ver.

The **mag**pie **/** **thank**ed the **ri**ver.

He **found** a **buc**ket.

He **scoop**ed the **wa**ter.

The **mag**pie **went** to the **gar**den.

"**Here** is your **wa**ter," **/** he said.

"**Give** me some **grass**."

"You can **pick** some **grass**," **/** said the **gar**den.

The **mag**pie was **hap**py.

He **took** the **grass**.

"내가 도울 수 있어." 구름이 말했습니다.
"고마워." 까치가 말했어요.
비가 쏟아졌습니다.
그리고 비는 강을 채웠어요.

까치는 강으로 갔습니다.
"여기 네 비가 있어." 까치가 말했습니다.
"나에게 물을 좀 줘."

"너는 물을 좀 퍼 가도 돼." 강이 말했습니다.
까치는 강에게 고마움을 표했습니다.
까치는 양동이를 찾았습니다.
그는 물을 퍼 올렸습니다.

까치는 정원으로 갔어요.
"여기 네 물이 있어." 까치가 말했습니다.
"나에게 풀을 좀 줘."
"너는 풀을 좀 뜯어 가도 돼." 정원이 말했습니다.
까치는 행복했습니다.
까치는 풀을 가져갔어요.

The **mag**pie **went** to the **cow**.

"**Here** is your **grass**," / he **told** her.

"**Give** me some **milk**," / he **add**ed.

"**Here** is your **milk**," / said the **cow**.

The **mag**pie / **thank**ed her.

He **took** the **milk**.

The **mag**pie **went** to the **farm**er.

"**Here** is some **milk**," / he said.

"I **want** my **tail back**."

"Yes, **Mag**pie," / said the **farm**er.

She **fix**ed his **tail**.

"I have **milk now**. / I can **ma**ke some **cheese**," / she said.

The **farm**er **smi**led.

She **made** some **chee**se.

The **cow** / **chew**ed **grass**.

The **gar**den / was more **green**.

The **ri**ver was **full**.

The **farm**er / was de**light**ed.

The **mag**pie / was **hap**py.

까치는 소에게 갔습니다.

"여기 네 풀이 있어." 까치가 소에게 말했습니다.

"나에게 우유를 좀 줘." 그가 덧붙였어요.

"여기 네 우유가 있어." 소가 말했습니다.

까치는 소에게 고마움을 표했습니다.

그는 우유를 가져갔어요.

까치는 농부에게 갔습니다.

"여기 우유가 있어요." 까치가 말했습니다.

"나는 내 꼬리를 다시 원해요."

"그래, 까치야." 농부가 말했습니다.

그녀는 까치의 꼬리를 되돌려 놓았습니다.

"이제 나에게는 우유가 있어. 나는 치즈를 만들 수 있어." 농부가 말했습니다.

농부는 미소를 지었습니다.

농부는 치즈를 만들었어요.

소는 풀을 우물우물 씹었습니다.

정원은 더더욱 푸르렀습니다.

강은 가득 차올랐어요.

농부는 기뻤습니다.

까치는 행복했어요.

Part 1 ◆ p.8~17

magpie, bucket, spill

farmer, tail, milk

cow, grass, garden

river, cloud, pour

scoop, pick, happy

grass, milk, thank

want, back, fix

cheese, chew, delighted

fixed   tail   spilled   help   needed

A farmer wanted cheese so she _____ milk. A magpie _____ the farmer's milk, and the farmer was angry. So she pulled the magpie's _____ off. The magpie got _____ from a cloud, river, garden, and cow to get some milk. The farmer _____ the magpie's tail when the magpie brought the milk. Then the farmer made some cheese.

Memo

_____

_____

_____

_____

_____

_____

_____

_____

_____

1 ◆ When the magpie accidentally spilled the milk, the farmer got angry so she pulled off his tail. What do you think about the farmer's action? Was it fair? If you were the farmer, how would you have reacted? What would have been a better way to handle the situation?

까치는 고의가 아니라 실수로 우유를 쏟았지만, 농부는 화가 나서 까치의 꼬리를 뽑아 버렸어요. 이 행동에 대해 여러분은 어떻게 생각하나요? 이것은 공정한 행동일까요? 여러분이 농부라면 어떻게 반응했을까요? 이 상황에 대처하는 더 나은 방법이 있었을까요?

2 ◆ The magpie went through a lot of trouble to get his tail back. It all started with a mistake when he spilled the milk in the bucket. If you were the magpie, what would you have done first after spilling the milk? And when the farmer appeared and got angry, how would have you wisely overcome this accident?

까치는 꼬리를 되찾기 위해 많은 고생을 했어요. 시작은 양동이의 우유를 쏟은 실수였는데 말이에요. 여러분이 까치라면 우유를 쏟은 후 가장 먼저 무엇을 했을까요? 그리고 농부가 나타나 노발대발했을 때, 여러분이라면 어떻게 이 위기를 지혜롭게 넘길 수 있었을까요?

낭독하는 명작동화 **Level 1**
The Magpie and the Milk

초판 1쇄 발행 2024년 8월 1일

지은이 새벽달(남수진) 이현석 롱테일 교육 연구소
책임편집 강지희 **| 편집** 명채린 홍하늘
디자인 박새롬 **| 그림** 백정석
마케팅 두잉글 사업본부

펴낸이 이수영
펴낸곳 롱테일북스
출판등록 제2015-000191호
주소 04033 서울특별시 마포구 양화로 113, 3층(서교동, 순흥빌딩)
전자메일 team@ltinc.net
롱테일북스는 롱테일㈜의 출판 브랜드입니다.

ISBN 979-11-93992-11-1 14740

The Magpie and
the Milk

1

새벽달 X 이현석 낭독스쿨

The Magpie and
the Milk

2

새벽달 X 이현석 낭독스쿨

The Magpie and
the Milk

3

새벽달 X 이현석 낭독스쿨

The Magpie and
the Milk

4

새벽달 X 이현석 낭독스쿨

The Magpie and
the Milk

6

새벽달 X 이현석 낭독스쿨

The Magpie and
the Milk

5

새벽달 X 이현석 낭독스쿨

The Magpie and
the Milk

8

새벽달 X 이현석 낭독스쿨

The Magpie and
the Milk

7

새벽달 X 이현석 낭독스쿨

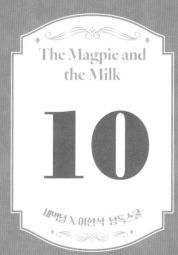

The Magpie and
the Milk

10

새벽달 X 이현석 낭독스쿨

The Magpie and
the Milk

9

새벽달 X 이현석 낭독스쿨

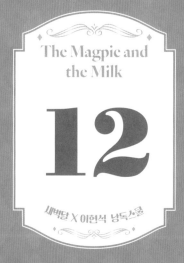

The Magpie and
the Milk

12

새벽달 X 이현석 낭독스쿨

The Magpie and
the Milk

11

새벽달 X 이현석 낭독스쿨

The Magpie and
the Milk

14

새벽달 X 이현석 낭독스쿨

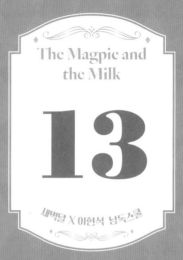

The Magpie and
the Milk

13

새벽달 X 이현석 낭독스쿨

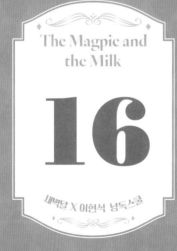

The Magpie and
the Milk

16

새벽달 X 이현석 낭독스쿨

The Magpie and
the Milk

15

새벽달 X 이현석 낭독스쿨